EVA
PARA PRINCIPIANTES

NERIO TELLO · DANIEL SANTORO

ERA NACIENTE
Documentales Ilustrados

Eva Perón para Principiantes©

© Texto: Nerio Tello, 2002
© Ilustraciones: Daniel Santoro, 2002
© de los derechos exclusivos para el idioma español:
Era Naciente SRL y Era Naciente Iberoamericana SL

Director de la serie: Juan Carlos Kreimer
Diseño interior: Javier Saboredo
Corrección: Cristina Cambareri

Para Principiantes©
es una colección de libros de
Era Naciente SRL
Fax: (5411) 4775-5018
Buenos Aires, Argentina
E-Mail: kreimer@ciudad.com.ar
www.paraprincipiantes.com

923.2	Tello, Nerio
TEL	Eva Perón para principiantes - 1ª. ed. - Buenos Aires: Era Naciente, 2002
	176 p.; 22x14 cm.- (Para principiantes)
	ISBN 987-9065-98-0
	I. Título – 1 Eva Perón-Biografías

Queda hecho el depósito que prevé la Ley 11.723

Ninguna parte de este libro puede ser reproducida,
almacenada o transmitida de manera alguna
por ningún medio, ya sea eléctrico, químico
o de fotocopia, sin permiso previo escrito del editor.

La presente edición de 3000 ejemplares se terminó
de imprimir en los talleres de **Longseller**, Buenos Aires,
República Argentina, en julio de 2002.

La Argentina es un país de antagonismos y contrastes. Estas cualidades, que otras sociedades buscarían minimizar para unirse y crecer, se ven exacerbadas —a veces brutalmente— por esa nación multicultural, sello del país sudamericano.

Eva Perón es una hija dilecta de ese destino latinoamericano. Pobre, en un país orgulloso de su riqueza; oscura, en una cultura que añora los cabellos rubios; rural, en una nación que mira desde la urbe; huérfana, en un contexto donde valen más el apellido o las relaciones que la honradez; salvaje, entre una dirigencia que opta por una cínica civilización; federal, en una organización política unitaria; mujer, en un excluyente mundo de hombres; y finalmente plebeya, en medio de una clase que esgrime una extraña falsa conciencia aristocrática.

María Eva Duarte de Perón, Evita, muere el 26 de julio de 1952. Ese último día de su larga agonía podría, por cierto, haber marcado el final de su vida. Por cuestiones muchas veces inasibles en virtud de la cercanía temporal, pocos imaginaron que ese cuerpo magro, amado y vilipendiado en iguales proporciones, dejaba de ser un mero cuerpo y comenzaba a convertirse en un mito.

He tenido que remontarme hacia atrás en el curso de mi vida para hallar la primera razón de todo lo que ahora me está ocurriendo.

—Eva Perón, La razón de mi vida.

LA RAZÓN DE UNA VIDA

"A través del individuo, el grupo se vuelve sobre sí mismo y se recupera de la opacidad particular de la vida tanto como en la universalidad de su lucha."

—Jean-Paul Sartre.

Dejala a esa "guachita"... No sabés que la madre es una...

María Eva Duarte nace el 7 de mayo de 1919, en Los Toldos, un polvoriento pueblo de la provincia de Buenos Aires. Es la menor de cinco hermanos, hijos de Juan Duarte, un estanciero casado, y de una de sus empleadas, Juana Ibarguren.

Recuerdo muy bien que estuve muchos días triste cuando me enteré de que en el mundo había pobres y había ricos; y lo extraño es que no me doliese tanto la existencia de los pobres como el saber que al mismo tiempo había ricos.

Condenada al ostracismo y la pobreza, doña Juana Ibarguren intuye que en Los Toldos no hay futuro. En el verano de 1931, parte con sus cinco hijos: Juan, el mayor, Elisa, Blanca, Erminda y la pequeña María Eva, de doce años, hacia Junín.

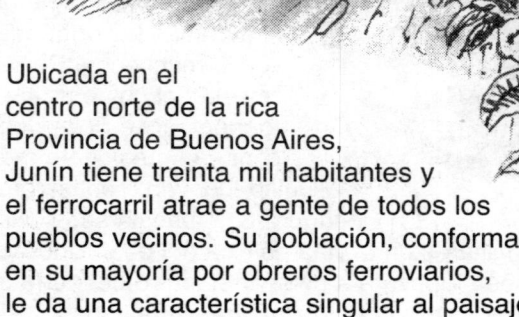

Ubicada en el centro norte de la rica Provincia de Buenos Aires, Junín tiene treinta mil habitantes y el ferrocarril atrae a gente de todos los pueblos vecinos. Su población, conformada en su mayoría por obreros ferroviarios, le da una característica singular al paisaje.

Los hermanos mayores de María Eva consiguen trabajo rápidamente, mientras que doña Juana transforma su casa en una pequeña pensión. Allí aloja a ocasionales viajeros y sirve comidas. La leyenda negra de la futura primera dama transformaría luego esa modesta pensión en un burdel, en un intento por estigmatizar aún más los orígenes de la muchacha. Por esos meses, el golpe militar del general José Félix Uriburu contra el presidente radical Hipólito Irigoyen (septiembre de 1931) inaugura una funesta seguidilla de intervenciones militares en la vida política del país. Unos años más tarde, otro golpe empezará a diseñar el futuro de María Eva, aunque ella, por cierto, está totalmente ajena a los sucesos.

Evita no es buena alumna y, por ser hija de madre soltera, algunos la señalan despectivamente; pero ella se las arregla para sobresalir. Es "la artista" en todas las fiestas. Adora recitar y cantar.

Cuando lloro con todos los que lloran,
Cuando ayudo a los tristes con su cruz,
Cuando parto mi pan con los que imploran,
Eres tú quien me inspira, sólo tú. (*)

(*) Amado Nervo (1870-1919): poeta mexicano muy conocido entre las clases populares. Escribió, entre otros, Perlas negras y La amada inmóvil.

Las corrientes migratorias de principios de siglo han traído una cohorte de trabajadores manuales con ideas libertarias. Anarquistas, socialistas y comunistas se disputan las conciencias de los obreros. La actividad sindical tiene visos de ilegalidad, y la irrupción de los militares en el gobierno reaviva la persecución de los líderes sindicales. En el año 1931 es fusilado el anarquista Severino Di Giovani, un agitador italiano, acusado injustamente y condenado sólo por su condición de militante.

¿Y SABÉS POR QUÉ HAY TANTOS POBRES? PORQUE LOS RICOS SON DEMASIADO RICOS...

YO CREÍA QUE HABÍA POBRES COMO HABÍA PASTO. Y QUE HABÍA RICOS, ASÍ COMO HABÍA ÁRBOLES O CABALLOS...

Nunca pude pensar, desde entonces, en esa injusticia sin indignarme. Los pobres nos acostumbramos a la injusticia. Pero yo nunca pude acostumbrarme a ese veneno.

Quizá eso explique por qué esta mujer que algunos dijeron que era "superficial, vulgar e indiferente" se decida a realizar una vida de "incomprensible sacrificio".

Con Carlos Gardel de gira por Europa y los Estados Unidos, la vacante es cubierta por el cantor Agustín Magaldi, a quien su gran popularidad lo lleva a recorrer todo el país. En Junín, el llamado "Gardel de las provincias" se aloja en la casa de doña Juana. Allí conoce a la inquieta María Eva, que a los quince años ya había decidido su destino: sería actriz.

La crisis del año '30 habría frenado la inmigración. El proceso de industrialización estaba dando impulso a las ciudades, en detrimento del campo. Miles de habitantes del interior pobre y rural, como María Eva, ven en Buenos Aires el espejismo de una vida mejor.

Sin saberlo, gran parte de esa masa parda y esperanzada está dando cuerpo al mayor movimiento de masas que tuvo la Argentina: el **peronismo**.

BUENOS AIRES

¡AY! YO QUIERO SOÑAR Y NO ME DEJAN...

No quería ver, darme cuenta; no quería mirar la desgracia, el infortunio, la miseria. Pero cuanto más quería olvidarme, más me rodeaba la injusticia.

15

El 2 de enero de 1935, a los quince años, María Eva Duarte llega a Buenos Aires. La gran capital de la Argentina ha crecido significativamente en los últimos años, gracias al aporte de capitales estadounidenses. Con ochenta mil obreros fabriles, la gran metrópoli consumía más del 60 % de la fuerza motriz de todo el país. Sin embargo, esta fachada esplendorosa se contradice con los salarios obreros, que están en su punto más bajo. La situación conduce a crecientes protestas sindicales.

UNA ADOLESCENTE EN BUENOS AIRES

"Y crecí en ese mundo de ilusión,
y escuché sólo a mi propio corazón
...Yo quise ser un barrilete
buscando altura en mi ideal..."

—Eladia Blázquez,
"Sueño de barrilete"
(tango)

Instalada en un departamento en Entre Ríos y Alsina, a sólo una cuadra del Congreso de la Nación, la novel actriz se dispone a conquistar la ciudad. Por esos días, la trágica muerte de Carlos Gardel, en Colombia, enluta a los argentinos.

Muy temprano dejé mi hogar y mi pueblo.
Desde entonces, siempre he sido libre.
He querido vivir por mi cuenta y he
vivido por mi cuenta...

Por esos años, para llegar a ser actriz había tres caminos: tener una belleza sobresaliente, haber estudiado (aunque no abundaban los lugares para formarse), o recorrer con insistencia los bares, donde los dueños de las compañías daban entrevistas a las nuevas figuras, con resultados inciertos y a veces, ingratos. Según quien relate su vida, la joven María Eva Duarte desanda cada uno de estos derroteros, "romances" forzados incluidos.

Poco antes de cumplir los dieciséis años, el 28 de marzo, debuta en "La señora de Pérez". En julio sube nuevamente a escena con "Cada hogar es un mundo". Como la compañía sale de gira y ella no es incluida, se dedica a estudiar declamación y arte dramático en el entonces "exclusivo" Consejo de Mujeres. Pero la joven no se adapta al ambiente y desiste rápidamente.

A principios de enero de 1936 se incorpora a la compañía de Eva y José Franco. Actúan primero en "Cada hogar es un mundo" y luego en "La dama, el caballero y el ladrón", obra muy exitosa que le garantiza trabajo todo el año. Pero cuando baja el telón de la última función...

¡NO SÉ PARA QUÉ TE FUISTE A ESE HOTEL TAN CARO! MIRÁ, AHORA NO TENÉS UN PESO...

YO PENSÉ QUE YA NO ME FALTARÍA TRABAJO.

LA VIDA DEL ARTISTA ES ASÍ, HOY ARRIBA, MAÑANA ABAJO...

YO VOY A TRIUNFAR, ¡TE LO PROMETO!

Mientras, Buenos Aires es un hervidero. En el año 1936 se inaugura el primer tren subterráneo. Tras la ampliación de la Avenida Corrientes se erige el Obelisco, y en medio de esta onda renovadora estalla la más grande huelga jamás realizada. Sesenta mil obreros de casi todos lo gremios salen en apoyo de los trabajadores de la construcción. Tranvías y colectivos en llamas dan testimonio de la violenta represión. El desorden social, la corrupción generalizada y el fraude electoral caracterizan una época que se conoció como "la década infame".

A comienzos del '37, la compañía de la gran actriz Pepita Muñoz emprende una nueva gira. Evita, recomendada por el primer actor José Branca, se incorpora a la compañía. Con apenas dieciocho años, comienzan a correr rumores sobre su romance con este actor, por cierto mucho mayor que ella, y casado.

La obra "El beso mortal" le permite recorrer el país, ganar unos buenos pesos... y algunos disgustos.

Nuevamente sin trabajo, la todavía ignota actriz no se deja vencer. Su hermano Juan entra a trabajar en la Caja de Ahorro Postal, lo que significa un alivio para la economía de ambos.

En 1937, se inaugura en Buenos Aires la Avenida 9 de Julio, que en un exceso chauvinista es declarada la "más ancha del mundo". La Argentina tiene alrededor de 12,5 millones de habitantes de los cuales 2,5 millones son extranjeros. La revista Sintonía premia a María Eva por partida doble: un papel en la película "Segundos Afuera" y una relación sentimental con el director de la publicación, Emilio Kartulowicz. El empresario alquila un departamento sobre la coqueta Avenida Callao, donde se aloja la ahora promisoria actriz. Por sugerencia del periodista, decide usar sólo su segundo nombre. A partir de entonces será solamente Eva Duarte, o Evita, para los allegados.

Por esos días, gana muy buen dinero junto a la actriz Pierina Dealesi. Alejada sentimentalmente de Emilio, tiene ahora un nuevo compañero, un poderoso industrial. Evita está cansada de las pensiones y los hoteles, por lo que el hombre, entusiasmado por la estrella naciente, le facilita el dinero para comprar un departamento. Pero tampoco esta vez la cosa saldría como quería...

Evita le da a su hermano el dinero que tenía para el departamento, para evitar que vaya a la cárcel por estafa. Busca tapar un escándalo que no beneficiaría su ascendente carrera. Por suerte, la vida tiene sus revanchas...

La radio es la protagonista del momento. A Radio Splendid y Radio Belgrano se suma, en 1935, Radio El Mundo. En todas florece el tango, el humor y sobre todo el radioteatro, una singular traslación de los esquemas folletinescos, mezcla de dramas, maniqueos y amores exaltados.

HACIA LA PEQUEÑA FAMA

"Mirad cómo se ríen y cómo me señalan
Porque lo digo así: (Las ovejitas balan
Porque ven que una loba ha entrado en el corral
y saben que las lobas vienen del matorral)."
— Alfonsina Storni, "La loba".

En 1938, tras unas turbulentas elecciones plagadas de fraude, asume la presidencia de la Nación el radical Roberto M. Ortiz, muere Agustín Magaldi y se suicida la poeta Alfonsina Storni, a quien Evita no conoce. Ella, mientras tanto, se reafirma en su trabajo radial y filma películas de propaganda para un jabón de tocador, una peletería y una casa de modas.

A medida que avanzaba en la vida, el problema de la injusticia me rodeaba. Tal vez por eso intenté evadirme de mí misma, olvidarme de mi único tema, y me entregué intensamente a mi extraña y profunda vocación artística.

Al éxito del radioteatro se le suman tres películas. Es un año agotador y fascinante para la joven muchacha, que creía haber llegado al cielo.

Mientras, su eterno enamorado, Emilio, había correspondido a su amistad y a su fama, dándole la tapa de la codiciada revista Sintonía. Evita nunca olvidaría ese gesto.

> JABÓN FEDERAL PRESENTA A LA ESTRELLA DE LA RADIOFONÍA Y EL CINE NACIONAL: ¡EVA DUARTE!

Recuerdo que, siendo chiquilla, siempre deseaba declamar. Era como si quisiese decir algo a los demás, algo grande, que yo sentía en lo más hondo de mi corazón.

> ¡ES MARAVILLOSO! ¡QUÉ LUJO!

> QUEDATE A VIVIR CONMIGO EN BUENOS AIRES...

> NO M'HIJITA. YO TENGO MI VIDA ALLÁ. VOS SIEMPRE QUISISTE LIBERTAD, NO VOY A VENIR YO A...

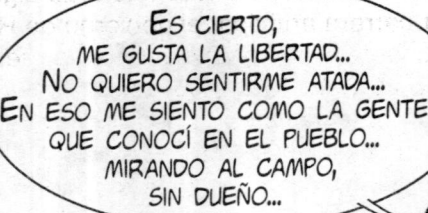

La radio le descubre un mundo nuevo. Recibe cartas de los lugares más remotos del país. Esa posibilidad de estar llegando a tanta gente y tan lejos la emociona y entusiasma.

El año 1943 es crucial para el futuro de Evita. Mientras sigue empecinada en su irregular carrera artística, el gobierno de Ramón S. Castillo, el vicepresidente conservador que había reemplazado al fallecido presidente Ortiz, acosado por la ilegitimidad, actos de corrupción y persecuciones indiscriminadas, es víctima de una nueva asonada castrense. Un grupo de militares nacionalistas derroca por segunda vez a un gobierno, por cierto corrupto, pero constitucional.

El nuevo presidente, el general Pedro Ramírez, disuelve el Congreso e interviene las provincias. Un todavía ignoto militar asume al frente del Departamento de Trabajo (luego Secretaría de Trabajo y Previsión): es el coronel Juan Domingo Perón. La Segunda Guerra Mundial está en su apogeo y el nuevo gobierno no termina de definir su adhesión a uno u otro bando. Recién en enero de 1944 el gobierno rompe relaciones con Alemania y Japón; un mes más tarde, Ramírez es depuesto. La asunción del nuevo presidente, el general Edelmiro Farrell, encumbra a Perón a la vicepresidencia de la Nación, mientras retiene el puesto de Secretario de Trabajo.

El inusual vértigo político del país contrasta con un año relativamente tranquilo para Evita. Pasa largos meses en reposo como consecuencia de un debilitamiento general. Pero, voluntariosa como siempre, antes de finales de año ya está de pie. Como si estuviera buscando un destino, retoma su actividad en la radio. Protagoniza un ciclo que lleva su voz a todo el país...

El tiempo profano es aquel en que una cree que ha empezado a recorrer un camino monótono, sin altibajos, sin paisajes nuevos. Una cree que toda la vida ha de hacer siempre las mismas cosas, cumplir con las mismas actividades cotidianas, y que el rumbo del camino está en cierto modo tomado definitivamente.

UN TERREMOTO MUEVE LA VIDA

> "La historia haciendo a los hombres
> y, a la vez, los hombres haciendo la historia."
> —Karl Marx

En un país poco acostumbrado a los desastres naturales, el terremoto de San Juan, en enero de 1944, conmueve y moviliza a la población. A mil kilómetros de Buenos Aires, San Juan es uno de los tantos puntos olvidados de un país vasto que mira hacia el océano. Evita, extrañamente conmovida por la tragedia, pone su popularidad y sus programas de radio al servicio de las campañas de ayuda a los damnificados.

MAÑANA RECORREREMOS LAS CALLES. UNA MONEDA, UN MÍNIMO APORTE, Y NUESTROS DESAFORTUNADOS COMPATRIOTAS SENTIRÁN QUE NO ESTÁN SOLOS...

En esos días, creía que el azar conducía mi vida. Pero no, he sido forjada para el trabajo que realizo. La historia hace a los hombres y a las mujeres, y cada uno hace la historia.

Todas las miradas se posan sobre ese hombre alto, de pelo negro y brilloso y uniforme impecable. El estadio explota cuando el Coronel, con su voz cálida y firme, resalta la contradicción entre "el sufrimiento de los trabajadores y la buena vida de muchos potentados". El recibimiento que le tributan al Coronel impresiona a la joven actriz. Pero él no le dirige la mirada. A su lado está la cantante y actriz más exitosa del momento: Libertad Lamarque.

El coronel Perón, atento y simpático, había enviudado hacía pocos años. Sin hijos, dedica su tiempo al Ejército, la gestión gubernamental y a una joven amante mendocina a quien solía presentar como su "ahijada". El encuentro con la menuda actriz también cambiará su vida.

A los veinticinco años, y con una carrera artística a los sobresaltos, Evita sabe poco de ese coronel cuyo nombre ya está en boca de todos los presentes. Cuando se conocen, ese hombre de sonrisa compradora está por cumplir 50 años. En su triple condición de secretario de trabajo, ministro de Guerra y vicepresidente de la Nación, Perón intuye que su accionar debe trascender el plano político y enfrentar los problemas sociales históricamente postergados. Paradójicamente, es su cargo de menor jerarquía el que le da sus mejores aliados: los obreros.

LA ACTRIZ Y EL CORONEL

"...Yo no era nada más que una humilde mujer..., un gorrión en una inmensa bandada de gorriones...
Y él era y es el cóndor gigante que vuela alto y seguro entre las cumbres y cerca de Dios.
Si no fuese por él que descendió hasta mí y me enseñó a volar de otra manera,
yo no hubiese sabido nunca lo que es un cóndor ni hubiese podido contemplar jamás
la maravillosa y magnífica inmensidad de mi pueblo."

—Eva Perón, La razón de mi vida

> NUESTROS OBREROS ESTÁN TOTALMENTE DESPROTEGIDOS POR LA LEY, ES LO QUE QUIERO CAMBIAR...

> NADA ME ENTUSIASMA MÁS QUE SEGUIRLE EN ESE PROYECTO...

La habilidad oratoria de Perón y su singular carisma, lo hacen rápidamente reconocible entre el grupo de militares acartonados que integran el Gobierno. Su contacto directo con la dirigencia sindical le granjea una buscada popularidad. A la simpatía de los obreros suma pronto la de algunos radicales desencantados, y la de nacionalistas e independientes absolutamente disconformes con los manejos políticos de los partidos tradicionales. Dicta una serie de decretos revolucionarios para la época.

> EL AUMENTO DE SUELDOS ES SÓLO UN PASO EN ESTE PROCESO. TAMBIÉN FIJAREMOS LAS OCHO HORAS DE TRABAJO DIARIO Y LAS VACACIONES...

La inflación tiene a mal traer los sueldos de los obreros. La canasta familiar indica que hacen falta 147 pesos para "vivir decentemente" y un empleado medio gana sólo 128 pesos, mientras que un obrero apenas si promedia los 78 pesos. Un informe del Departamento de Trabajo denuncia en 1943:

Poder Ejecutivo

INFORME INTERNO

En general, la situación del trabajador ha empeorado a pesar del surgimiento de la industria. El desnivel entre salarios y costo de vida aumenta incesantemente.

Además de las reivindicaciones concretas, Perón anuncia el "fin de la era explotadora" y el desarrollo de una "armonía de clases".

Y A FIN DE AÑO, TODOS LOS TRABAJADORES COBRARÁN UN SUELDO EXTRA: SERÁ EL AGUINALDO, ¡UN PREMIO AL ESFUERZO!

Mientras, el romance entre el Coronel y la actriz pronto se populariza en el medio artístico. La relación, tomada al principio con sorna, le sirve a Evita para afirmar su ambicioso proyecto artístico.

La filmación de la película está marcada por la permanente tensión entre las dos mujeres. Una, estrella cotizada. La otra, una joven ascendente que de pronto se siente con derechos...

La estrella ascendente es resistida por muchos de sus colegas. ¡Y qué decir de los militares que forman el círculo de Perón! Por esos años, para las clases altas, ser actriz ya es un pecado suficientemente grave; si a eso se le suma su condición de hija natural y su fama de precoz prostituta, se comprende la resistencia de "la familia castrense".

Su romance con el Coronel le abre puertas en el mundo artístico y se las cierra en la "alta sociedad" porteña. El viejo estigma de niña señalada por su condición de hija de madre soltera, reaparece en estos momentos dolorosos. Pero Evita, al parecer, se ha prometido no llorar ni sufrir y desde ya, no ofrecer la otra mejilla.

LA SEDUCCIÓN DEL OBRERO

"La adquisición de poder por parte de la clase trabajadora y del desarrollo de sus organizaciones, fue, en gran parte, mérito de Perón. Por eso, los obreros no pudieron desligarse de su influencia..."
—Peter Waldmann, El peronismo.

El movimiento sindical, dividido por esos años entre socialistas y comunistas, ve irrumpir una nueva corriente aún sin definición ideológica…

… Los beneficios que otorga Perón a algunos de estos gremios acentúan las diferencias con las corrientes "clasistas". Estos sindicatos adhieren temprana y fervorosamente al proyecto de Perón, entre ellos, el de los obreros ferroviarios. Los comunistas, en tanto, se abroquelan detrás del multitudinario gremio de la construcción.

El año 1945 se inicia con una intensa agenda para la joven actriz. Su ciclo de biografías célebres recorre la vida de Madame Chiang Kai-shek, Eugenia de Montijo, Eleonora Duse, Lady Hamilton y la Reina Cristina. Perón, entrevistado por la actriz en el programa "Argentina del futuro" habla sobre la "función social del radioteatro".

¿Por qué me rechazaba la oligarquía?
¿Por mi origen humilde? ¿Por mi actividad artística?
Quien me conozca un poco, no digo de ahora, sino
desde antes, desde que yo era una simple "chica"
argentina, sabe que jamás hubiese podido representar
la fría comedia de los salones oligarcas.

Confieso que no medí desde el principio toda la magnitud de mi decisión... Yo creí que podía ayudarlo a Perón con mi cariño de mujer, con la compañía de mi corazón enamorado de su persona y de su causa... ¡pero nada más! Pensé que mi tarea, junto a su soledad, era llenarla de alegría y con los entusiasmos de mi juventud.

El 30 de mayo de 1945 se estrena "La Cabalgata del circo" en el cine Gran Palace, lo que no es gran mérito en una ciudad que posee ciento ochenta salas cinematográficas. Evita, a pesar de las burlas de ciertos sectores, está exultante. Por exigencias del personaje debe aclarar su cabello, que de castaño oscuro deviene rubio. Todos coinciden en que el cambio la favorece; convencida por los elogios, adopta ese color definitivamente. Mientras continúa con su exitoso programa de biografías de mujeres célebres, le ofrecen otra película, "La pródiga", donde cobra el cachet más grande de su vida artística... A los veintiséis años, por primera vez, vive una cómoda situación económica.

"La pródiga", que nunca se estrenará oficialmente, quizá no sea más que un presagio de lo que viene. Esa muchacha empieza a dibujar un personaje cuya característica es su prodigalidad. Además de sus éxitos, Evita se destaca como defensora de los derechos de sus compañeros artistas. Por su accionar y sus influencias, es elegida Presidente de la Asociación de Actores...

Desde que estoy en el ambiente, he tratado por todos los medios a mi alcance de contribuir al mejoramiento de la condición del artista. Todas mis energías las puse a favor de los derechos del artista, a cuya familia pertenezco.

Cipriano Reyes, anarquista, dirigente del gremio de la carne, es un referente obrero. Enfrentado a la dirección comunista del gremio, encabeza un pequeño partido, el Laborista. Hombre duro, inclinado a la violencia y con ambiciones, "descubre" en Perón características de líder nato y "sucumbe" a su seducción.

La Central Obrera (CGT) es reducto de los socialistas, mientras que el gremio de los frigoríficos está dominado por los comunistas. Perón ve la oportunidad de, a través de Reyes, meter una cuña en ese poderoso gremio. Su trabajo de paciente seducción de los obreros comienza a dar resultados: en 1944 se realiza la última huelga obrera contra el régimen. Unos diez mil obreros, una cantidad exigua, van al paro, advirtiendo sobre las maniobras del Coronel. El horizonte empieza a ser peronista.

SI SALIMOS VIVOS DE ÉSTA, NO NOS PARA NADIE...

EN LA CANTINA NOS ESPERAN LOS MÁS PESADOS...

TENEMOS QUE CONVENCER A ESTOS MUCHACHOS...

Las concesiones de Perón enfurecen a los dirigentes empresariales. Desde todos los sectores del poder comienzan a criticarlo.

LAS SIMPATÍAS IDEOLÓGICAS DEL CORONEL PERÓN

"Algunos lo llamarían santo y otros creerían que era el diablo encarnado. Perón se vería a sí mismo como más allá del bien y del mal."
—Joseph A. Page, Perón. Una biografía.

La presencia de Juan Domingo Perón como agregado militar en Italia durante el gobierno fascista de Benito Mussolini, le habría granjeado amistades non-sanctas que le serían enrostradas con elocuencia.

Más adelante lo acusarán, tanto al entonces coronel, como a su bella y joven compañera, de espías del régimen nazi. Estas anécdotas, sumadas a la supuesta protección por parte del gobierno de altos jerarcas nazis que se refugiaron en el país, no constituyen, por cierto, prueba elocuente de la filiación nazi de Perón.

Perón parece disfrutar del enredo. "Me manejo bien en un quilombo(*)", le gusta repetir. Gana las simpatías de unos y la desconfianza de otros. Hábil cultivador de la contradicción y la ambigüedad, sus discursos se transforman en piezas oratorias muchas veces indescifrables. Aunque, por cierto, expresa claramente aquello que le interesa...

En su declaración de principios parece atacar tanto a comunistas como a conservadores. Y a sindicalistas clasistas como a politiqueros. Y abre una inquietante visión de las "fuerzas ocultas internacionales". Años más tarde la definiría como la "sinarquía internacional". Algunos han querido ver en su premonición el encumbramiento del poder financiero internacional, que derivó en la globalización de la economía.

(*) Quilombo: prostíbulo. Por extensión, lugar desordenado, donde reina la confusión.

El destino, la casualidad o el talento de los hombres hacen la historia. Lo que el flamante embajador estadounidense, Spruille Braden, no imagina, es que también la torpeza puede cambiar los acontecimientos.

Braden, a quien Perón apoda "el búfalo", inicia una feroz campaña contra el Coronel, cuyos resultados no atina a imaginar. El 6 de agosto de 1945, los Estados Unidos lanza la bomba atómica sobre Hiroshima, y la conciencia mundial explota en pedazos. Ese mismo día, con mucho menos estruendo, y en virtud de la finalización de la guerra, se levanta el estado de sitio en la Argentina. Cientos de exiliados vuelven a su país. Son casi todos opositores al régimen. Perón los recibe con un duro mensaje:

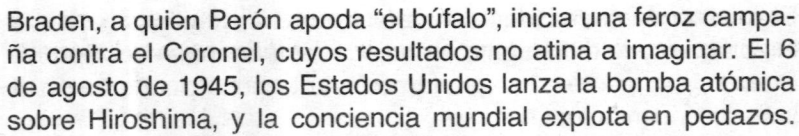

UNA RARA COMBINACIÓN DE ELEMENTOS EXTRANJEROS, ESPÍRITUS REACCIONARIOS, POLÍTICOS SIN ESPERANZAS Y PLUTÓCRATAS EGOÍSTAS...

Envalentonados por el desafío de Perón, los aludidos por sus palabras organizan la Marcha de la Constitución y la Libertad. Es una manifestación de hombres de piel blanca, vestidos de rigurosos trajes. Tras cantar el Himno Nacional se unen en un emocionado y curioso homenaje:

Según lo organizadores, unas doscientas mil personas caminan por las calles de la ciudad. A la vanguardia va el embajador Braden, con sus brazos trabados con dirigentes comunistas, socialistas, conservadores y radicales.

(*) Alpargatas: calzado de lona con suela de cáñamo o yute, muy usado por las clases populares.

A las pocas horas, una réplica a favor de Perón gana la calle. Miles de personas pobremente vestidas, hombres, mujeres y niños de piel oscura, se unen en solo grito.

Una nueva dicotomía está lanzada. La vieja civilización contra la nueva barbarie gana la calle. Desde su despacho en la casa Rosada, el Coronel piensa y especula, sin dejar que la sonrisa se borre de su cara.

A principios de octubre del '45 la agitación social es evidente. Los estudiantes, influenciados por los movimientos de izquierda, ocupan las universidades en clara hostilidad con el régimen. Los militares se agitan. Todos miran a Perón.

Por soberbia o imprevisión, en medio de ese clima, Perón nombra a Oscar Nicolini como jefe de Correos en lugar del Tte. coronel Imbert. La designación de Nicolini, un oscuro funcionario allegado a la familia de Evita, hace explotar a los altos mandos militares. Es la ocasión que están esperando.

Mientras los militares debaten en Campo de Mayo, el coronel Perón festeja su cumpleaños número cincuenta.

Es el 8 de octubre. Comienzan a desatarse los diez días más conflictivos en la historia de Perón y los más apasionados en la vida de la pareja. El momento es incierto. Evita, por primera vez, tiene miedo. Cree haber ido demasiado lejos.

En los días siguientes, Evita, junto a los militares más fieles a Perón, Cipriano Reyes y otros dirigentes sindicales, recorre fábricas, barrios, calles, tratando de sumar voluntades para exigir la libertad del Coronel...

Tímidamente comienza a armarse una ola de adhesiones a la libertad del Coronel. La presencia de esa mujer menuda y vital en medio de la masa oscura, al principio llama la atención. Como dice Perón, "Evita es un fósforo, todo lo que toca lo incendia..."

¡COMPAÑEROS!

Durante varios días, el Ejército y el Gobierno se niegan a dar noticias del paradero de Perón. En sordina corre el rumor de que ha sido fusilado. El trabajo lento y sostenido de Evita y de un grupo de dirigentes sindicales y militares desplazados comienza a dar frutos. El 17 de octubre, una multitud ruidosa comienza a asomar por todos los accesos a la ciudad de Buenos Aires. El reclamo es sólo uno:

Perón, fingiéndose enfermo, es internado en el Hospital Militar, desde donde espera los acontecimientos.

Plaza de Mayo está rugiente. Una marea de hombres y mujeres, vociferantes y transpirados, reclama la presencia de su líder.

17 DE OCTUBRE DE 1945

Una multitud estimada en cerca de trescientas mil personas espera durante un largo día la aparición de su líder en los balcones de la Casa Rosada. Al canto de "¡Perón al balcón!" y "¡El pueblo con Perón!", los manifestantes siguen los acontecimientos a través de lo que transmiten algunas radios. El rumor se esparce co-

EL DÍA QUE CAMBIÓ LA HISTORIA

He decidido renunciar, ante ustedes, al honroso y sagrado uniforme de la patria...

¡Quiero vestir las ropas del pueblo! Quiero confundirme con las masas que construyen, con su trabajo, la grandeza de la Nación...

Esto es el pueblo, es el pueblo sufriente que representa el dolor de la madre tierra, el que hemos de reivindicar...

Compañeros, ¡descamisados! Los abrazo a todos sobre mi corazón...

mo estampida: poco antes de las diez de la noche, el Coronel llega a la Casa de Gobierno. Luego de hablar con Farrell, a las 23, sale al balcón. Tras un estruendoso recibimiento, pronuncia su primera palabra: "Trabajadores". Y la plaza revienta nuevamente, como explotaría varias veces en esa noche gloriosa.

El impacto político del acto del 17 de Octubre impulsa a Perón como candidato a presidente. Apoyándose en el partido Laborista, la pequeña agrupación liderada por Reyes, busca lo que todos juzgan un sueño imposible... Ni Perón ni Evita lo imaginan aún, pero están gestando el "peronismo", el movimiento político que transformará a la Argentina de la segunda mitad del siglo.

Aún inmerso en el fervor generado por la multitudinaria concentración, Perón decide cumplir una antigua promesa a su amada. A los pocos días, el 22 de octubre de 1945, en Junín, María Eva Duarte, soltera, 26 años, y el ex coronel Juan Domingo Perón, viudo, 50 años, se casan por civil, casi en secreto. A partir de allí, con pocos recursos y mucha osadía, se lanzan a la conquista de la presidencia.

Allí me uní a ese hombre. Él, preparado para la lucha, yo, dispuesta a todo sin saber nada; él culto, y yo sencilla; él enorme y yo pequeña; él maestro y yo alumna. Él, la figura y yo, la sombra. Él, seguro de sí mismo, y yo, únicamente segura de él. Es que él es el conductor. Yo soy solamente una sombra de su presencia superior.

Un brindis y ¡a la campaña! En auto, en ómnibus o en tren, Perón, Evita y su gente se lanzan a la conquista de la Argentina.

La campaña presidencial avanza a los tumbos. Visitan cada una de las provincias, con esfuerzo y sin demasiado apoyo. Las expectativas de los seguidores de Perón empiezan a decaer. Hasta que el embajador de los Estados Unidos, Spruille Braden decide intervenir en campaña, por supuesto, como opositor al coronel Perón. El pato de la boda se ofrece en bandeja para ser devorado...

—¡SI BRADEN NO HUBIERA EXISTIDO, HABRÍA DEBIDO INVENTARLO!

Braden es el estereotipo del norteamericano. Agresivo y altanero como buen millonario, desconoce las sutilezas del oficio diplomático. Heredero y defensor de los postulados imperialistas, cuando se le acaban las ideas —lo que le sucede con frecuencia— apela a los puños, como un cowboy extraviado.

La oligarquía, alarmada por el fenómeno Perón, incorpora rápidamente a sus filas al embajador estadounidense. Intuye que la fórmula de la Unión Democrática, Tamborini-Mosca, "auténticos candidatos del pueblo" como rezaba su eslogan, carece de todo lucimiento. Y el imán del Coronel es cada día más irresistible. Alentado por la oligarquía nativa, Braden publica el Libro Azul, donde denuncia a los militares del golpe del '43 como pronazi, poniendo especial énfasis en el candidato del Laborismo. Lamentablemente para los sectores conservadores, el señuelo se transforma en su propia trampa. Perón, en respuesta, publica el Libro Azul y Blanco, en el que reafirma sus convicciones antiimperialistas. Gran parte del movimiento obrero se monta en la dicotomía Argentina vs. Estados Unidos, y las calles se inundan de pintadas con la consigna "Braden o Perón". El domingo 24 de febrero de 1946, el Partido Laborista con la fórmula Perón-Quijano, gana las elecciones presidenciales.

Los conservadores atribuyen el triunfo del candidato laborista a la demagogia. Ciertamente, Perón supo aprovechar esa arista, pero sería desconocer la realidad argentina atribuir la avalancha de votos a ese argumento tan débil.
La UD tuvo amplio acceso a los medios de comunicación y contó con el apoyo de las instituciones más antiguas y prestigiosas, desde la Sociedad Rural hasta las uniones patronales, los diarios y radios, y por cierto la embajada estadounidense.

Las propuestas marcaron la diferencia:

• La Unión Democrática venía a representar más de lo mismo. Sin ideas, se instaló en la crítica e intentó sembrar el miedo. La propuesta conservadora simboliza claramente el pasado.

• Perón, en cambio, plantea, por primera vez en la historia, la justicia política, social y económica. Los obreros, y ciertos sectores de la clase media, creyeron en ese discurso. Además, la propuesta nacionalista en oposición a los intereses imperiales también funcionó como arma de seducción. Su discurso pregona el futuro.

Perón consigue amplia mayoría en ambas cámaras legislativas, lo que además le otorga su primer privilegio: el Parlamento lo reincorpora al Ejército y promueve al grado de General de Brigada. Así, de impecable uniforme, el 4 de junio de 1946, presta juramento como vigésimo noveno presidente del país. Luego lo hace Hortensio J. Quijano, un todavía sorprendido vicepresidente. Al lado de ambos, Evita Duarte. A los 26 años, esta actriz de sonrisa cristalina y ojos perplejos, comienza a ser nombrada como la señora María Eva Duarte de Perón. La adolescente hirsuta que una década antes pisara Buenos Aires por primera vez con su flaco equipaje, es saludada ahora con los honores de Primera Dama del país.

PERÓN PRESIDENTE

El desfile inaugural por las calles de Buenos Aires muestra la imagen de una pareja ideal. Él: alto, maduro, elegante y varonil. Ella, joven y bella, y en apariencia frágil, encarnando el sueño mismo de la Cenicienta. Desde el primer día conquista el corazón de los pobres. Las clases media y alta, la verán con otros ojos: arribista, ignorante, vengativa. De todos los epítetos, los más hirientes están destinados a Evita. Nunca una mujer había despertado sentimientos tan encontrados, y por cierto, nunca ninguna otra la igualaría.

¡Viva Perón!

¡Viva la compañera Evita!

¡Evita y Perón, un solo corazón!

La finalización de la Guerra Mundial deja destruida la mayoría de los países europeos. La Argentina, con buenas cosechas de trigo y el ahorro obligado en tiempos de guerra, se prepara para una de sus etapas de mayor progreso.

La pareja se instala en el Palacio Unzué, residencia presidencial ubicada en Libertador y Austria, en la zona más exclusiva de la capital argentina. Perón se aboca con pasión, y sin escatimar esfuerzos, a gobernar. Evita, convertida en Primera Dama, tras aburrirse un par de días en la residencia oficial, empieza a tantear la posibilidad de incorporarse a la tarea de gobierno. Perón sabe que hay una deuda social importante con los más pobres, pero intuye que quien ejerza esa función gozará de una popularidad comparable con la suya. Y no está dispuesto a compartir esa popularidad con cualquiera.

EVITA, QUIERO QUE SE DEDIQUE USTED A LA POLÍTICA SOCIAL. ES ALGO MUY IMPORTANTE EN NUESTRO GOBIERNO...

LA MUJER DEL PRESIDENTE ES UNA ARGENTINA MÁS. LA COMPAÑERA EVITA, COMO QUIERO QUE ME LLAMEN, LUCHARÁ POR LAS COMPAÑERAS MUJERES PERONISTAS...

NADA ME GUSTARÁ MÁS QUE AYUDAR A LOS POBRES...

NUESTRA META ES VIGILAR Y APOYAR DESDE EL HOGAR LA MARCHA MARAVILLOSA DE NUESTRO PROPIO PAÍS...

Evita se descubre como una fogosa oradora. Su voz, algo destemplada al principio y poco acostumbrada a los discursos, empieza a madurar. Ella ocupa en principio las oficinas del Ministerio de Trabajo y Previsión, la misma donde había trabajado su esposo. El ministro, un oscuro y genuflexo José María Freire, pone toda la dependencia al servicio de "la señora".

Cuando hablo a los hombres y mujeres de mi pueblo, siento que estoy expresando "aquello" que intentaba decir cuando declamaba en las fiestas de mi escuela.

Dicen que soy una resentida social. Y tienen razón. Pero mi resentimiento no es lo que mis críticos creen. Mi resentimiento no viene del odio, sino del amor a mi pueblo. El dolor de mi gente ha abierto para siempre las puertas de mi corazón.

Evita consigue que Perón done su primer sueldo, de diez mil pesos. Con eso crea la Fundación de Ayuda Social. Luego, un decreto presidencial incrementa el sueldo a varios sindicatos y obliga que el primer aumento se destine a la Fundación.

Evita comienza a desplegar una actividad incansable. Por la mañana organiza la tarea en el Ministerio y concede audiencia a los necesitados. Almuerza muy tarde en el Hogar de la Empleada, tras lo cual sale a recorrer barrios y fábricas. Luego continúa hasta la medianoche, cuando su esposo regresa a casa.

Obligada por el protocolo, acompaña a su esposo en algunos actos públicos, en los que sobresale por su frescura y espontaneidad. Alejada de toda especulación y desconocedora de las normas, la sociedad porteña comienza a señalar sus "excesos". En una de sus primeras apariciones públicas luce una túnica de color natural, que destaca sobriamente sus formas femeninas y cuyo escote deja ver la aterciopelada piel de su hombro izquierdo. Por esos años, las mujeres de la clase alta no dejan sus hombros al descubierto, al menos no en público.

— MI PICHONA, LA VEO CANSADA. ¿NO SERÁ MUCHO?

— ¡SÍ, ES MUCHO! CUANDO VEO TANTO DOLOR...

— ESTÁ BIEN, PERO PROMÉTAME QUE SE VA A CUIDAR...

— LO PROMETO. ES MÁS, MAÑANA ME DEDICARÉ SÓLO A MÍ...

La cultura del antiperonismo recuerda esa visita de la pareja presidencial como una de las mayores afrentas a la cultura oficial. No sólo por la presencia de "la bastarda" vestida de seda, sino por la ocurrencia de unos obsecuentes que colocan en los altos del teatro Colón a una cincuentena de obreros y obreras, quienes improvisan un coro fervoroso y desafinado:

Entre lipotimias y rumores indignados que suben de la platea, el coro de marras completa las estrofas de esa "marchita" primitiva y desafiante, que sería el himno mismo de la cultura peronista. Evita se hincha de orgullo cuando cree percibir, desde el palco presidencial, que los "negros", "los grasitas" como le gusta nombrarlos, se habían bañado en colonia barata en un vano intento por tapar los olores naturales.

Prefiero ser la compañera de todos los trabajadores humildes a ser la esposa protocolar del presidente. He querido ser un faro de luz y de esperanza para ellos, y es por ellos que trabajo, brego y lucho. No regateo horas al trabajo porque me han dado la responsabilidad de trabajar incansablemente para ellos.

Yo no pretendo realizar obras de amor que me parecen estar demasiado cerca de Dios; me conformo con ayudar a que se cumpla la justicia social.

Perón es inimitable en el manejo de las multitudes y algo reacio al contacto físico y personal; Evita, por el contrario, se mueve entre la gente con desinhibición y seguridad. Su voz gutural, ligeramente ronca, funciona a la perfección en el discurso corto, medido.

Lleva apenas unos meses ejerciendo como "funcionario sin cargo ni sueldo", cuando empiezan a perfilarse en Evita dos personalidades:
La amante convive con la "esposa oficial". Hecho imperdonable, pues en la Argentina —como en muchos otros países— una "prostituta" no deviene, en ningún caso, esposa, dice el mandamiento.
Ella, al parecer, goza con la contradicción y la alimenta. De día, bucea entre la gente como bicho de barro. De noche, cumple las tareas protocolares de primera dama.
Ella es la carnadura de dos Argentinas en disputa.
La una, la despedaza. Es la Argentina agropecuaria, aristocrática, pro-europea, prejuiciosa, católica y conservadora.
La otra, la idolatra. Es la Argentina nueva, industrial, urbana, tecnológica y productiva. Algo de civilización y algo de barbarie perdura en cada una. Como perdura la tierra bajo las uñas siempre listas de la "abanderada de los humildes".

La Fundación toma un protagonismo inusitado. La imagen de Evita crece en el corazón del pueblo, sobre todo, del pueblo pobre...

El afán desmedido por dar, sobre todo a los pobres, y por confrontar con quienes ella señala como "aristócratas", le otorga rápidamente el mote de "resentida", del que ya no se despegará.

Nunca la oligarquía fue tan hostil con nadie que pudiera ser útil. El poder y el dinero no tuvieron nunca malos antecedentes para un oligarca genuino. La verdad es otra. Yo, que había aprendido de Perón a elegir caminos poco frecuentados, no quise seguir el antiguo modelo de esposa de presidente.

El general Perón, desde su folclórico enfrentamiento con Braden, pregona la necesidad de mantenerse distante tanto del capitalismo norteamericano como del comunismo soviético. Este borrador de ideas lleva por título: "La Tercera Posición". Según el historiador norteamericano Joseph Page, es "una obra maestra del oportunismo". Para los peronistas de entonces y del futuro será la piedra fundacional, la razón ideológica del peronismo.

La Tercera Posición: la tradición diplomática argentina marca, hasta 1943, un alineamiento natural con Gran Bretaña, y un acercamiento comercial con los Estados Unidos. La "neutralidad" de los militares golpistas del '43, deja a la Argentina en una sospechosa indefinición.

CAPITALISMO — TERCERA POSICIÓN — COLECTIVISMO

El triunfo peronista de 1946 contribuye a un severo enfriamiento de las relaciones. Este distanciamiento, más la polarización generada por la Guerra Fría que divide al mundo en dos bloques, lleva a Perón a desarrollar su estrategia de la "Tercera Posición". La idea, simpática a los oídos nacionalistas y a los sectores populares, rápidamente se revela inconducente. Los norteamericanos, al principio muy duros, ven que no sacan ninguna ventaja de su enojo e intransigencia. Lo mismo comprende Perón. Así, la manoseada Tercera Posición se traduce en una política pragmática y sumamente flexible, que logra sólo algunos interesantes, aunque tibios, éxitos en el ámbito de la política latinoamericana. Sin embargo, le da al peronismo amplio consenso en la política interior.

Luego de tres años de cruenta guerra civil, en 1939 la derecha triunfante había entronado a su líder, el generalísimo Francisco Franco, quien gobernaría férreamente a los españoles durante cuatro décadas. Neutral durante la Segunda Guerra, pero con indudables simpatías con nazis y fascistas, la derrota del Eje le costaría muy caro. Por presión de los Estados Unidos, España es excluida de las Naciones Unidas, creada en 1945. Y, a pesar de haber sufrido los embates de la guerra, tampoco goza de los beneficios del Plan Marshall para la reconstrucción de Europa. Por si fuera poco, el gobierno americano impone un bloqueo a las exportaciones para la península ibérica.
Perón duda de lo oportuno del viaje. El canciller Bramuglia se opone tenazmente, por los perjuicios que le traería en su relación con los Estados Unidos. Evita, ignorante de la situación internacional, se entusiasma con el viaje y con la idea de fastidiar a "los yanquis". Finalmente, Perón acepta la invitación de Franco. "Lo de los yanquis es sólo una cuestión de principios", afirma. La historia le daría la razón. Mientras, Evita parte para Madrid.

Una pequeña comitiva acompaña a Evita. La señora de Guardo, el presidente de la Cámara de Diputados, su hermano Juan Duarte y dos asistentes. Además, un empresario con grandes contactos en Europa: Alberto Dodero, quien había comprado el diario Democracia para regalárselo a Evita.

Su paseo triunfal cubre Madrid y Barcelona, en España. Luego viaja a Roma, donde es agasajada como visitante ilustre. Visita al Papa y asiste al montaje de la ópera Aída en su honor, en las ruinas de Caracalla.
En París, su presencia congrega multitudes. La comitiva firma un tratado comercial con Francia. Tras una breve visita a Suiza, vuela a Portugal, desde donde toma un barco hacia Buenos Aires.
Los casi dos meses de viaje generan miles de centímetros en la prensa nacional y mundial. Evita es tapa de la prestigiosa revista Times. Políticamente, el viaje resulta muy exitoso; además de ser recibida con honores de primera dama, la menuda muchacha impresiona por su gracia y personalidad.

Sin embargo, Evita regresa muy delgada y cansada. El fantasma de su precaria salud empieza a acosarla. El viaje (o la enfermedad incipiente) actuaría de bisagra en la actitud política de la ex actriz. Su largo año como primera dama llega a su fin; comienza a perfilarse la Evita militante.

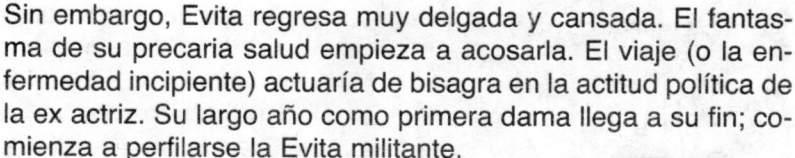

"La Argentina avanza porque es justa consigo misma y porque en su cruzada supo elegir entre la falsa democracia engañosa y la real democracia distributiva."

"Donde las grandes ideas se llaman por nombres tan simples como esto: mejor paga, mejor vivienda, mejor comida, mejor vida."

"Llevo un nombre que se ha transformado en grito de batalla para todas las mujeres del mundo."

"Evita ha realizado por su país más que cualquiera de sus embajadores."

"Todos los países visitados recibieron su mensaje de amor y paz, rogando por el fin de la miseria y del hambre en todo el mundo."

A pesar de las sombras que dejan una incipiente censura, la arbitrariedad gubernamental al quitar la autonomía a las universidades y un sindicalismo transformado en un apéndice del poder, el régimen da pasos concretos hacia su solidificación. La gira por Europa viene a coronar un año brillante para el peronismo.

Las migraciones internas, el crecimiento de la capacidad de consumo del obrero y nuevas oportunidades educacionales diseñan un período de gran movilidad social. Contrariamente a lo que podría pensarse, son los sectores medios lo que más crecen, merced a las actividades autónomas como el comercio y la pequeña industria.

Muchos pobres del interior que llegan a la Capital en busca de oportunidades, deben resignar sus esperanzas en los primeros asentamientos informales, en los suburbios de Buenos Aires. Paradójicamente, junto al crecimiento económico nacen las primeras "villas de emergencia" (*).

El censo poblacional de 1947, el primero desde 1916, dice que el país tiene 15.893.327 habitantes. La población urbana representa el 62% y los extranjeros un 15%. Sólo un 14% de la población es analfabeta, gracias a una fuerte iniciativa generada el siglo anterior.

Sobre la base de los datos censales, Perón lanza su Primer Plan Quinquenal.

(*) Villas de emergencia: asentamientos humanos precarios, generalmente ubicados en las periferias de las grandes ciudades. Según el país, reciben distintos nombres: chavolas, cantegriles, pueblos nuevos, favelas, etc.

PLAN QUINQUENAL

El peronismo se plantea desde un comienzo la consolidación de un Estado de Bienestar traducido en tres ejes:
- una mayor equidad social,
- la independencia de los centros de poder mundial y
- un desarrollo industrial autónomo.

Bajo estos presupuestos ideológicos se diseña el Primer Plan Quinquenal (1947/1951).

La política económica del primer gobierno peronista se caracteriza por una nacionalización de los servicios públicos, la promoción industrial y la redistribución de ingresos a favor de los trabajadores.

La nacionalización de los ferrocarriles, hasta ese momento en manos inglesas, encarna una verdadera reafirmación nacional para el peronismo. La oposición la juzga como un mero acto de corrupción. El gobierno nacionaliza, además, la producción gasífera, el servicio telefónico, y desarrolla la flota mercante nacional, entre otros proyectos. Se comienza la construcción masiva de viviendas obreras y se encara una generosa acción social capitaneada por Evita. Ese año se comienza la construcción de la Universidad Obrera Nacional, luego Universidad Tecnológica, con sedes en todo el país.

El '47 es el año de la consolidación del peronismo. En el parlamento surge la idea de llamar a la coalición de fuerzas en el poder como Partido Peronista. También ese año el líder de los trabajadores tiene su primer conflicto interno serio. El legendario Cipriano Reyes "saca los pies del plato", como le gustaba decir al General, y cae en desgracia.
Un sospechoso atentado y luego un proceso lo llevan a la cárcel. Comienzan los problemas con la oposición. Mientras, el Premio Nobel de Medicina otorgado al Dr. Bernardo Houssay llena de júbilo al país.

El peronismo favorece el desarrollo industrial con miras al mercado interno, a través de subsidios y créditos. Para ello crea el Instituto Argentino de Promoción del Intercambio (IAPI), que monopoliza el comercio exterior. El Estado compra a los productores agrícolas y vende al exterior; los fondos resultantes son derivados a la actividad fabril. Esta política, exitosa al comienzo, permite un gran desarrollo industrial, con el consiguiente crecimiento de los salarios y del consumo. El Plan, sin embargo, resulta parcialmente perjudicial para el agro; esta situación, sumada a una mala cosecha y las presiones estadounidenses que impiden colocar los productos argentinos, hace declinar la producción.

LA MÍSTICA, LA RESENTIDA, LA CAPITANA

Evita se construye una máscara para pelearle al mundo. La tímida muchacha del barro pudo soportar la diatriba porque sucumbió al halago. Es mujer y es fiera; y es su rabiosa estirpe lo que irrita a los leones. Está allí, siempre a un paso del zarpazo, pero nada la alcanza. Inusitadamente vulnerable y empecinadamente pétrea.

"En realidad, todos tenían dos imágenes contradictorias en su mundo interno, pero unos proyectaban la buena y reprimían la mala, y otros hacían lo contrario. Así se establecieron de ella dos imágenes conscientes, totalmente opuestas y pertenecientes a cada uno de los sectores en lucha".
—Marie Langer, psicoanalista, en Fantasías eternas a la luz del psicoanálisis.

"... Su corazón de llama arrebatada, su corazón de rosa militante."
—Héctor Villanueva, poeta argentino.

Américo Ghioldi (1899-1984). Legendario político líder del Partido Socialista. Diputado durante la presidencia de H. Irigoyen, fue detenido durante la dictadura de Uriburu (1931). Férreo antiperonista, escribió un libro en contra del régimen y de la propia Evita. Integró la Junta Consultiva creada tras el golpe del '55.

Ezequiel Martínez Estrada (1895-1964). Escritor y ensayista dedicado fundamentalmente al estudio de las estructuras sociales de la Argentina. Autor, entre otras, de dos obras sociológicas clásicas: La cabeza de Goliat y Radiografía de la Pampa.

Victoria Ocampo (1891-1979). Intelectual y escritora argentina, descendiente de una familia de la alta burguesía. En 1930 fundó la revista literaria Sur, que dirigió durante cuarenta años y que fue una de las más prestigiosas de Latinoamérica.

Ernesto Sanmartino. Oscuro político radical que pasó a la historia por haber calificado de "aluvión zoológico" el triunfo de la fórmula Perón-Quijano en 1946.

Julia Prilutzki (1912-2002). Poeta argentina. Publicó, entre otros, Antología de sonetos argentinos, Antología del amor y Sólo estará la rosa.

María Granata (1923). Poeta y novelista. Autora entre otros libros de: Los viernes de la eternidad y El jubiloso exterminio.

María Elena Walsh (1930). Poeta y cantante popular. Alcanzó gran repercusión en los años sesenta por sus canciones infantiles. Autora de Juguemos en el mundo (poesía) y Desventuras en el País-Jardín-de-Infantes (ensayos), entre otros libros.

Homero Manzi (1907-1951). Poeta, periodista y guionista cinematográfico. Debe su popularidad a ser el autor de letras de tangos inolvidables como "Sur", "Fuimos" y "Malena", entre otros.

Los primeros días de septiembre de 1947 la encuentran en cama. Las fatigas del viaje y cierto malestar misterioso le hacen cancelar algunos compromisos. Pero pocos días después ya está de pie, presionando en el Congreso por la aprobación de la ley que otorga el voto a la mujer.

El 23 de septiembre se aprueba finalmente la ley 13.010. Una multitud, integrada sobre todo por mujeres, acude a Plaza de Mayo.

La unidad femenina es la palanca a cuyo impulso poderoso no habrá privilegio que resista, enemigo que contenga, intereses que dominen o coalición interna o exterior que logre vencer.

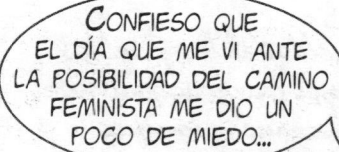

El feminismo de Evita es otra fuente de polémicas. Si bien coloca a la mujer en un lugar central en la lucha por sus derechos, simultáneamente la señala como "acompañante" de un proceso: el peronista, desde ya. "La voluntad de elegir, la voluntad de vigilar desde el sagrado recinto del hogar, la marcha maravillosa de tu propio país", afirma.
Es decir, un feminismo que pone el acento en el carácter reproductivo y social de la mujer. Un feminismo fascista, según algunos. Un feminismo marxista, según otros. Seguramente, un feminismo al servicio de una causa.

El mundo será de los pueblos si los pueblos decidimos enardecernos en el fuego sagrado del fanatismo, pero enardecernos significa quemarnos para poder quemar, sin escuchar la sirena de los mediocres y de los imbéciles que nos hablan de prudencia.

El excesivo trabajo, cierta propensión anoréxica y su voluntarismo mesiánico van tumbando su frágil anatomía.
Así, sus jornadas de vehemente actividad están intercaladas con breves pero sugestivos períodos de reposo.

"El período que comienza en 1948 y termina poco antes de su muerte, en 1952, va a abolir los viejos bucles en 'libertad condicional'. El autoritarismo y el peinado severo correrán parejos. Para Evita habrá llegado el momento de empuñar el país, y por eso llevará en la nuca el simulacro de un puño".
—Alicia Dujovne Ortiz, Eva Perón, la biografía.

Durante el primer semestre del '48, Evita comienza a delinear lo que sería el Partido Peronista Femenino. Además, trabaja muy cerca de la CGT en la promoción de los planes sociales. La Fundación de Ayuda Social incorpora finalmente el nombre de la "abanderada de los humildes" bajo el pomposo rótulo de Fundación de Ayuda Social María Eva Duarte de Perón. Para la gente común será simplemente la Fundación Evita. En agosto, da a conocer una ley sobre derechos de la ancianidad y avanza en sus obras para la niñez.

Con fondos públicos y privados, a veces obtenidos gracias a sospechosas presiones, la Fundación se lanza a construir barrios y hospitales, hogares para ancianos, madres solteras y niños. El deporte y el turismo infantil tiene un lugar preponderante en los planes de Evita.

La popularidad de Evita se difunde a todo el país. Ese año, más de cien mil niños participan de los Campeonatos de Fútbol Evita. Todos reciben camisetas y pelotas de cuero. También acondiciona los clubes de barrio. Los chicos comienzan a llamarla "Evita Capitana".

A finales de ese año, la Fundación distribuye sidra y pan dulce entre los hogares humildes, costumbre que se repetirá de allí en más todos los años. Al llegar el 6 de enero, organiza una particular forma de distribuir los cinco millones de juguetes destinados a los pequeños.

A los treinta años, esa mujer menuda y de piel diáfana, aún sin saberlo, se apresta a iniciar sus dos últimas batallas. Una, obtener una victoria aplastante en las elecciones del '49. La otra, desafiar con su colosal voluntad la fragilidad de un cuerpo que camina por un viscoso desfiladero...

LUCHAMOS POR LA JUSTICIA SOCIAL, POR UNA PATRIA GRANDE, POR LA CONSOLIDACIÓN DE NUESTROS HOGARES, Y LO QUE ES MÁS, POR LA DIGNIFICACIÓN DEL HOMBRE...

... En cuanto a mí, confundida con mi pueblo, que nutre mis alegrías y mis tristezas, pensaré que, en la medida de mis fuerzas, Dios me concedió el privilegio de hacer algo por la felicidad común...

La patria vive un momento de extraordinaria expectativa; y en esta bonanza y felicidad no debemos vivir sólo para nosotros, sino legarlas a nuestros hijos y nuestros nietos...

En nuestra patria ya no existe la olla popular, ya no existe la desesperanza.

El mejor premio que puedo tener es este: el amor de los humildes y el odio de los oligarcas.

... Cuando los compañeros me dicen que me estoy gastando, yo contesto: me estoy gastando poco por un pueblo tan maravilloso como éste.

Si la patria fuera feliz y grande, ser peronista sería un derecho; pero en nuestra época, ser peronista es un deber.

Debemos actuar, sentir y querer como argentinos. No podemos ser tan traidores y miserables como para estar a la vez bajo dos banderas...

Las elecciones del '49 le dan un triunfo total al gobierno del general Perón. Con amplia mayoría en la Convención Constituyente, se apresta a reformar la Constitución.

En general, la reforma constitucional del '49 es vista como una ruptura de la tradición jurídico política liberal iniciada en 1853. Atribuida sólo al deseo de Perón de perpetuarse en el poder, la nueva Constitución, sin embargo, viene a dar cuenta de una situación absolutamente novedosa en la sociedad argentina: la presencia de un Estado con peso gravitante en la vida de los ciudadanos. No sólo en las nuevas regulaciones salariales que beneficiaban a una gran mayoría, sino también en una estricta política de control de las legislaciones.

También es cierto que en virtud de esta nueva situación, Estado, Partido y Movimiento empiezan a confundirse sospechosa y peligrosamente. Más allá de eso, por primera vez el Estado afirma: "... la irrevocable decisión de constituir una nación socialmente justa, económicamente libre y políticamente soberana". (Preámbulo de la Constitución del '49).

"... el derecho a trabajar debe ser protegido por la sociedad, considerándolo con la dignidad que merece y proveyendo ocupación a quien lo necesite". (Art. 1° de la Constitución del '49).

Yo sé que en esta lucha voy dejando jirones de mi corazón y de mi alma, porque hay que cruzar mucha selva, y la intriga es grande... Si hasta el último momento de mi vida tuviera que darlo por la causa de los humildes y por Perón, así lo haría, porque sé que no sería en vano.

Mucha gente no se puede explicar el caso que me toca vivir. Yo misma, muchas veces, me he quedado pensando en todo esto que es ahora mi vida. (...) No. No es el azar lo que me ha traído a este lugar, a esta vida que llevo...

—Eva Perón, "Capítulo I: Un caso de Azar", La razón de mi vida.

Ese año, a pesar de los tratamientos y reposos obligados, Evita recorre el país para inaugurar el más ambicioso plan de obras públicas que se haya realizado nunca. Hospitales, escuelas, hogares para ancianos, ciudades estudiantiles y colonias de vacaciones proliferan por todo el país.

Con una energía asombrosa, Evita retoma sus discursos radiales. Su voz es más grave, ligeramente ronca, segura. Su delgada piel resalta los bellos rasgos de su rostro, ahora demacrado. Abandona los trajes con hombreras y escotes cuadrados, y luce en forma permanente el peinado que la hará conocida en el futuro: el pelo tenso, tirado hacia atrás, con un leve aplique como breve gesto de coquetería.

A principios de enero de 1950, en el acto de inauguración de la Escuela Evita de Puerto Nuevo, sufre un desmayo. Ella se lo adjudica al calor, pero dos días después es operada de "apendicitis", según el parte oficial. Nadie cree en la versión.

Es un invento de Ivanissevich. Yo te dije que ese no me quería...

Pero, Evita, es un doctor... Él sabe...

¡Basta! Hablaré con Perón... No me gustan los intrigantes...

Evita desconfía de su entorno. Siente con mucha fuerza el repudio de la clase alta; sabe que aún no es aceptada, y eso la irrita sobremanera. Su enfermedad, aunque negada, también la pone de mal humor. Finalmente, Ivanissevich renuncia a su cargo de ministro. Evita, con nuevas energías, parece probar que, efectivamente, su médico está equivocado...

- El derecho a trabajar es el derecho a vivir, porque el trabajo es vida, el derecho a una retribución justa es razón determinante de paz y armonía en un mundo.

- El desequilibrio entre la producción de los trabajadores y lo que reciben por ella, es la base de la cuestión social.

- El derecho a la capacitación es, en esencia, el derecho a la propia liberación...

- En lenguaje sencillo del pueblo, lo único imprescindible es el pan, el abrigo y la vivienda decorosa; cuando no, los auxilios de medicamentos para salvar a la niñez.

En junio, Perón se reúne con todos los gobernadores. Evita ocupa un lugar de privilegio en el cónclave, e insiste con un mensaje que los presentes no alcanzan a descifrar.

CREO QUE EL MEJOR HOMENAJE QUE PUEDO RENDIRLE A PERÓN ES QUEMAR MI VIDA EN ARAS DE LA FELICIDAD DE LOS HUMILDES...

... ES TRATAR DE INTERPRETAR SUS IDEALES Y COLABORAR MODESTA PERO FERVOROSAMENTE, HASTA LA MUERTE, SI FUERA NECESARIO...

Por esos meses aparecen dos ideas permanentemente asociadas en el discurso de Evita. El fanatismo, que justifica de todas las formas, y su voluntad de inmolación por la causa peronista.

POR ESO DIGO AHORA: ¡SÍ, SOY PERONISTA, FANÁTICAMENTE PERONISTA!, PERO NO SABRÍA DECIR QUÉ AMO MÁS: SI A PERÓN O A SU CAUSA, ¡QUE PARA MÍ, TODO ES UNA SOLA COSA, TODO ES UN SOLO AMOR! Y CUANDO DIGO EN MIS DISCURSOS Y EN MIS CONVERSACIONES QUE LA CAUSA DE PERÓN ES LA CAUSA DEL PUEBLO Y QUE PERÓN ES LA PATRIA Y ES EL PUEBLO, NO HAGO SINO DAR LA PRUEBA DE QUE TODO, EN MI VIDA, ESTÁ SELLADO POR UN SOLO AMOR.

17 DE OCTUBRE DEL '50

En octubre de 1950, el peronismo cumple una vez más con su liturgia. Casi dos millones de trabajadores se reúnen en Plaza de Mayo para escuchar a su líder, y homenajear a la "abanderada".

Han pasado cinco años... desde aquel glorioso 17 de octubre...

La unidad de propósitos, la unidad de esperanzas y la unidad de acción han sellado el pacto entre el líder y su pueblo...

Somos un pueblo que reordenó su economía, dignificó al hombre, rescató de la negación política a la mujer y creó la más perfecta democracia social de la historia contemporánea...

... En una sociedad carcomida por las luchas sociales, somos el ejemplo de la cooperación social..

La tierra va dejando de ser un bien de renta para transformarse en un bien de trabajo...

Un renacer de nuestro espíritu que la oligarquía no pudo vender, como vendió nuestras fuentes de riqueza...

DERRIBAMOS OSCUROS ORFANATOS PARA LEVANTAR ALEGRES CIUDADES INFANTILES, HOGARES DE TRÁNSITO, HOGARES PARA ANCIANOS...

BARRIMOS CON NUESTRA ESCOBA JUSTICIALISTA LOS RANCHOS Y TAPERAS Y CONSTRUIMOS BARRIOS OBREROS...

DESTERRAMOS LA LIMOSNA PARA EXALTAR LA SOLIDARIDAD COMO OBRA DE JUSTICIA...

LA PATRIA SE ENCONTRÓ A SÍ MISMA Y MIRA CONFIADAMENTE AL PORVENIR...

A comienzos de 1951, la Fundación Evita reparte millones de juguetes entre niños de todo el país. Simultáneamente, estalla una huelga ferroviaria a escala nacional, uno de los pocos conflictos que tendría el régimen peronista.

En todo el mundo, la alegría de vivir había huido de los hogares de los trabajadores. Y esa tragedia es obra directa del liberalismo, ese capitalismo deshumanizado. El liberalismo disfraza de libertad lo que no es sino libertinaje.

"La vida del movimiento peronista femenino se estructurará en una época particularmente convulsionada por el capitalismo internacional, a la que los sociólogos han denominado "la era del Imperialismo". Las fuerzas oscuras que amenazan la humanidad quieren dividir al mundo en dos grandes fracciones, dispuestas ambas a destruir todo lo que en siglos de sacrificios y de sueños logró construir la civilización..."

"Los argentinos pertenecemos al mundo y no podemos acariciar el sueño imposible de vivir al margen de él. La interdependencia de todos los países de la Tierra se acentúa cada día... Las fuerzas de producción que el capitalismo desenvolvió han rebasado todos nuestros conceptos de Estado y de Nación, y nos obligan a una permanente vigilancia de nuestra propia soberanía."

"La preparación del imperialismo, la injusticia permanente que lleva con él, allí adonde va, su incapacidad virtual para comprender y resolver los problemas sociales, su egoísmo en la distribución de riqueza y la brutal dictadura económica que impone por doquier, apoyada en la libertad-libertinaje, que permite el liberalismo, han tenido en el mundo una trágica consecuencia político-social: la aparición y el fortalecimiento del extremismo, que niega la Patria, desprecia a la familia y busca la satisfacción de los apetitos materialistas, la razón determinante de su lucha por el poder."

"Los grandes males que amenazan al hombre actual coinciden en sus orígenes con el nacimiento del liberalismo. A pesar de las bondades que tantos pensadores de bien le reconocen, mantiene vicios de un sistema que no están de acuerdo con los derechos de la sociedad. Con el pretexto de la libertad, no pueden encadenarse unas pocas bondades al libertinaje y a los privilegios económicos de minorías explotadoras."

—Eva Perón, Discursos, 1949/1950.

En septiembre de este año, la Fundación de Ayuda Social, pasa a llamarse simplemente Fundación Eva Perón.

Por esos días, llega al país la duquesa de La Rochefoucault, una noble europea especialmente interesada en la obra de Eva Perón.

La actividad de la Fundación se incrementa considerablemente. Evita recibe diez mil cartas por día, organiza colectas y donaciones, y no olvida ningún compromiso...

EL DÍA DEL RENUNCIAMIENTO

"No renuncio a mi obra, sólo rechazo los honores."
—Eva Perón

Mientras avanza en la redacción de su libro, en agosto de 1951 los sindicalistas organizan un cabildo abierto para lanzar la candidatura de Perón a la presidencia. La novedad es que los dirigentes obreros ofrecen a Evita ser la vicepresidenta. Para esto, reúnen una multitud frente al Ministerio de Obras Públicas.

144

La candidatura de Evita encrespa a las fuerzas armadas y a la Iglesia, y los enfrenta con los deseos de los sindicalistas. El presidente Perón de ninguna manera quiere ofender a sus antiguos camaradas, y sabe que no lo beneficia un enfrentamiento con las jerarquías eclesiásticas. Además, Evita está muy enferma... ¿Vale la pena tirar todo por la borda?

La voz ronca y casi quebrada de esa mujer desfalleciente sonó tan tremenda como la misma frase dicha en tiempo pasado: "... se llamaba Evita". La CGT decretó que el 31 de agosto sea recordado como el "Día del renunciamiento".
La eventual candidatura de Evita a la vicepresidencia termina de alterar los ánimos de la oposición. El primer peronismo, avasallante y demagógico, comienza a ceder ante el amanecer de la crisis económica.

El líder, afecto a las frases rimbombantes y a veces algo huecas, enarbola una nueva bandera: la Comunidad Organizada. Según Perón, la sociedad "buena" es la sociedad armónica. El antagonismo "pueblo versus oligarquía" sobre el que se había montado el primer Perón, comienza a ser dejado de lado. Ahora "orden y paz social" son prioritarios. Y un buen peronista va "de la casa al trabajo, y del trabajo a casa". Comienza a predicar la desmovilización. Sólo la voz descarnada, y a veces extemporánea, de Evita, sobrevive como un grito.

El 6 de noviembre, el oncólogo norteamericano George Pack le practica una histerectomía. Pero es en vano. Mientras, en las elecciones del 11 de noviembre, las mujeres votan por primera vez en la Argentina, gracias a ella..., a la "abanderada de los humildes", que agoniza en un hospital de Avellaneda.

PERÓN OTRA VEZ PRESIDENTE

La fórmula Perón-Quijano se impone con 4,7 millones de votos a la formula radical de Ricardo Balbín-Arturo Frondizi, que obtiene 2,4 millones de votos. Gracias a la nueva ley electoral, por primera vez algunas mujeres llegan al Parlamento argentino.

¡Sí, EVITA! ¡NUESTRA EVITA! ESTÁ OTRA VEZ ENTRE NOSOTROS...

Pensar en la injusticia me produjo siempre una sensación de asfixia. Como si no pudiendo remediar el mal, me faltara el aire para respirar...

En diciembre de 1951 aparece La razón de mi vida. Perón lo declara texto oficial de enseñanza en todas las escuelas del país. El libro, cuya autoría siempre estuvo discutida, es un largo panegírico del peronismo y de Perón. Anécdotas, algunas ideas políticas primarias y sentimientos hondos y personales. No obstante, asoma cada tanto la vena encendida de la militante.

Editado a todo color por Peuser, tendrá innumerables reediciones y traducciones. Años más tarde, a la caída del peronismo, será también uno de los símbolos sobre los que recaerá la ira opositora. Las llamas indignadas devorarán millones de ejemplares de un libro ingenuo e hiriente a la vez.

El libro viene a reafirmar un hecho absolutamente novedoso y extraordinario. El nombre de Evita se transforma en la imagen misma del Estado Benefactor. Comienza a cimentarse el mito de la santa, alimentado por la tragedia de su enfermedad y su virtual inmolación en la plenitud de su vida. Mientras más crece la diatriba opositora, más se reafirma el amor de los humildes.

En el balance publicado un año después de la muerte de Evita, puede leerse una reseña de lo actuado por la Fundación:
- 2.118 personas ingresan a los Hogares de Tránsito.
- Se distribuyen 2.778.433 artículos correspondientes al rubro Ayuda Social: medicamentos, libros, muebles y menajes.
- En 1951, un tren sanitario recorre el país, ofreciendo gratuitamente un servicio de análisis y radiografías.
- Se otorgan 1.300 becas y subsidios.
- Casi cien mil niños y jóvenes participan anualmente de los campeonatos deportivos, y 1.062 mujeres egresan de la Escuela de Enfermería creada por Evita.
- Además, miles de niños se alojan y comen en las "Ciudades de los niños" y otros tantos participan cada año del plan de Turismo Social implementado por el Gobierno. La Fundación también contribuye con ayuda solidaria a varios países latinoamericanos afectados por desastres naturales.

"...Que la acción y la obra de la señora Eva Perón la han colocado a justo título en el orden espiritual, como copartícipe de la tarea del jefe de Estado, por lo que merece el título de Jefa Espiritual de la Nación." (Comunicado del Congreso de la Nación, consignado en el diario Clarín, 8/5/52)

El 1° de mayo, con diez kilos menos y su carne escuálida, llega hasta el Congreso de la Nación, donde se conmemora el Día del Trabajador.

El trabajo es la mayor tarea del hombre, porque es su gran virtud. Cuando todos trabajen, cuando cada uno viva de su trabajo y no del de otro, podremos ser mejores, más fraternales, y la oligarquía será un amargo y penoso recuerdo.

LA QUE NOS AMABA TANTO

"A través de la ventana llegaba la voz de la multitud que la llamaba.
En la sala se oía solamente mi respiración.
La de Eva era imperceptible y fatigada.
Entre mis brazos no había más que una muerta."
—Juan Domingo Perón, Memorias.

Estoy hecha para las luchas, y por ello soy incapaz de detenerme ante los perros que ladran en el camino. Si lo hiciera, no lograría nunca el objetivo que me he propuesto, que es el bien de los desposeídos.

En junio del '52, Perón asume la presidencia por segunda vez. La crisis del campo comienza a jaquear la economía. Viejos amigos del líder ya no están cerca: Quijano acaba de morir (lo reemplaza en la vicepresidencia Alberto Teissaire), Miranda y Mercante ya no son "hombres de confianza".
A pesar de su fortaleza, el régimen no puede asimilar a la oposición, ni soporta las críticas. El cierre y posterior confiscación de La Prensa, un periódico conservador, y las sucesivas amenazas a otros, acallan al periodismo disidente. Si no aniquilados, los opositores políticos se mueven dentro de un incómodo corsé. Algunos, incluso, se ven obligados a emigrar.

El sábado 10 de julio, Evita entra en coma. Ante la visión de la inminente muerte, Perón manda construir un gran altar al pie mismo del Obelisco, en la intersección de las avenidas Corrientes y 9 de Julio. Allí, el domingo siguiente, el padre Hernán Benítez, confesor de Evita, predica un sermón, siguiendo órdenes expresas del Presidente de "preparar al pueblo para el desenlace". La misa se transmite por cadena nacional de radio. Inesperadamente, la enferma vuelve en sí.

Cuando lloro con todos los que lloran,
Cuando ayudo a los tristes con su cruz,
Cuando parto mi pan con los que imploran,
Eres tú quien me inspira, sólo tú.

Sí. Confieso que tengo una ambición, una sola y gran ambición personal: quisiera que el nombre de Evita figurase alguna vez en la historia de mi patria... Y me sentiría debidamente, sobradamente compensada si la nota terminase de esta manera: "De aquella mujer sólo sabemos que el pueblo la llamaba cariñosamente Evita".

El sábado 26 de julio, al mediodía, Evita entra coma. A su lado está su padre confesor, el doctor Ara, Renzi y el presidente de la Nación.

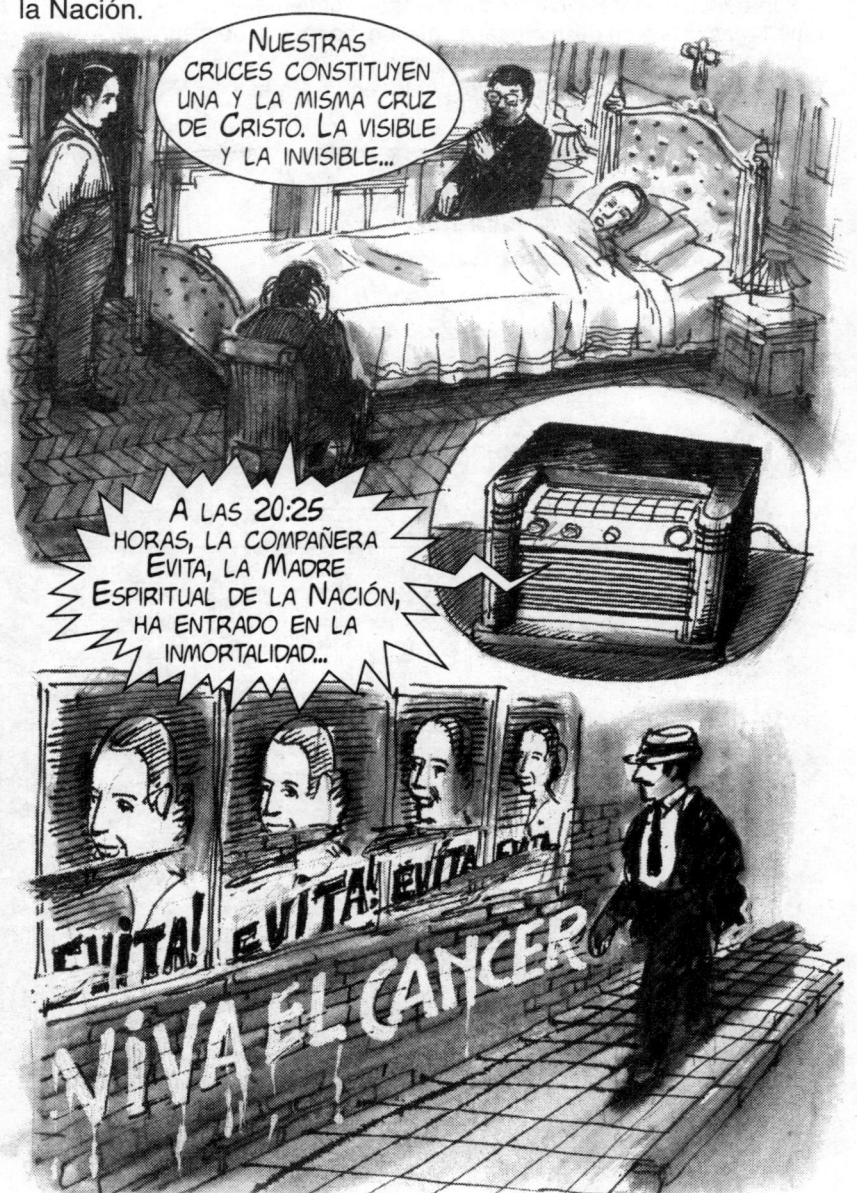

EL CUERPO Y LA LLUVIA

"Sobre un millón de afiches donde estaba sonriente,
mil lluvias quisieron desmoronar la imagen, borrarle la sonrisa,
apagarle la oscura brillantez de los ojos..."
—Cátulo Castillo, poeta, en La Prensa, 26/7/54

Tal vez un día, cuando yo me vaya definitivamente, alguien dirá de mí lo que muchos hijos suelen decir, en el pueblo, de sus madres cuando se van, también definitivamente: ¡Recién ahora nos damos cuenta de que nos amaba tanto!

"Difícilmente pueda ser transmitida con palabras la sensación que flotó en el ambiente al ser lanzada al éter, por las estaciones de radio, la información irrevocable. Nadie se sustrajo a la pesadumbre que ganó, rápidamente, todos los espíritus..."

"El pueblo enmudeció de tristeza y un sombrío clima de recogimiento y duelo transformó súbitamente la fisonomía del país."

—Diario Clarín, 27/7/1952

Allí está ahora ella: bajo una tapa de vidrio, cubierta por un sudario blanco y la bandera argentina. Entre sus dedos, como ínfimas ramas desnudas, descansa el rosario que le regaló el papa Pío XII. Afuera, una multitud espera, bañada en lágrimas. Trece días dura la despedida. Trece días de lluvia incansable y fría. La multitud tuvo que hacer hasta tres kilómetros de cola y soportar una espera de hasta diez horas para pasar un segundo frente a la muerta. Un segundo para rozar con la yema de los dedos el frío cristal que cubría a la princesa dormida, y permitirse el último y desgarrador sollozo.

Por razones que la historia no alcanzó a dilucidar, el presidente Perón decide que el cuerpo de Evita sea embalsamado y colocado luego en un monumento que se construirá al efecto. El encargado de la momificación del cadáver es un enigmático médico español, el Dr. Pedro Ara, que supo cultivar el misterio y generó su propia mitología.

El trabajo de Ara es perfecto. Quienes tienen oportunidad de verla, sostienen que Evita parecía simplemente dormida. Le lleva un año completarlo. Un peronismo, un tanto adormilado, no ha logrado concluir en ese tiempo el prometido monumento.

El cuerpo de la muerta permanece en la CGT al cuidado de su embalsamador y lejos de la vista de la gente, que de a miles siguen visitándola y depositando flores en su particular cripta.

El golpe militar de 1955 termina con la década peronista en la Argentina. La llamada Revolución Libertadora, liderada por el general Eduardo Lonardi, se empecina en desprenderse de todo vestigio peronista. Se arrasa con los monumentos, se queman los insumos hospitalarios con la inscripción Fundación Eva Perón, los equipos deportivos, libros y banderas. Es más, el gobierno prohibe la sola mención de Perón, a quien llaman, eufemísticamente, "el ex dictador" o "el tirano prófugo".

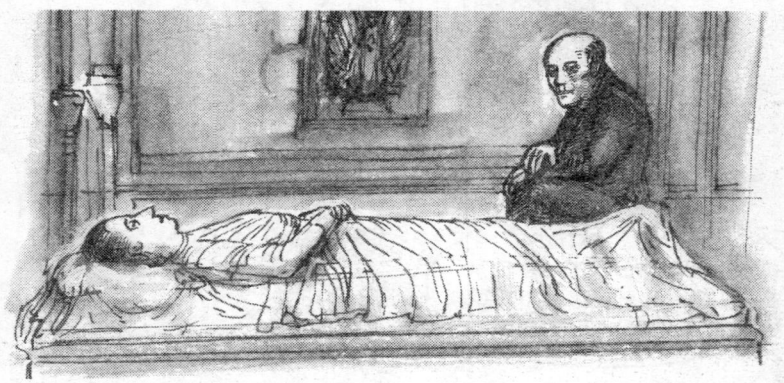

Dos meses después de la asonada, un nuevo golpe interno pone en la presidencia al general Pedro Eugenio Aramburu, de los sectores más duros del ejército. Sobrevive como vicepresidente el almirante Isaac Rojas. Ambos profundamente "gorilas", apelativo con el que se conoce a los antiperonistas.

ROJAS Y OTROS MILITARES

Hay que extirpar ese cadáver de la vida política: muerto el perro, se acabó la rabia...

El proceso de "desprenderse" del cadáver es tan complejo y siniestro, que parece haber sido hecho a propósito para acrecentar el mito. La tierna muchacha de Ranchos, la actriz inestable, la fervorosa militante es señalada nuevamente. Como si alguien se empeñara en reabrir su herida. Como si alguien gozara viéndola sangrar...

Parte de ese proceso de manipulación soez del cadáver queda magníficamente reflejado en un cuento del escritor y periodista Rodolfo Walsh. En "Esa mujer", el narrador hace hablar al Tte. coronel Carlos Moori Koening, delegado por el gobierno para hacer "desaparecer" el cuerpo:

"Esa mujer –le oigo murmurar– estaba desnuda en el ataúd y parecía una virgen. La piel se le había vuelto transparente. Se veían las metástasis del cáncer, como esos dibujitos que uno hace en una ventanilla mojada. El coronel bebe. Es duro.
—Desnuda –dice–. Éramos cuatro o cinco y no queríamos mirarnos. Estaba ese capitán de navío, y el gallego que la embalsamó y no me acuerdo quién más. Y cuando la sacamos del ataúd, (...) ese gallego asqueroso (...) se le tiró encima. Estaba enamorado del cadáver, la tocaba, le manoseaba los pezones. (...) Le di una trompada, mire –el coronel se mira los nudillos–, que lo tiré contra la pared. (...) Pero esa mujer estaba desnuda. (...) Una diosa, y desnuda, y muerta. Con toda la muerte al aire, ¿sabe? Con todo, con todo..."

—Rodolfo Walsh, escritor, "Esa Mujer" (del libro *Los oficios terrestres*).

En 1957, el presidente le ordena a Moori que entierre a "esa mujer" en el cementerio de la Chacarita, "digna y secretamente". El militar custodio desobedece la orden. Según Walsh, el teniente coronel había sucumbido a la seducción del cadáver.

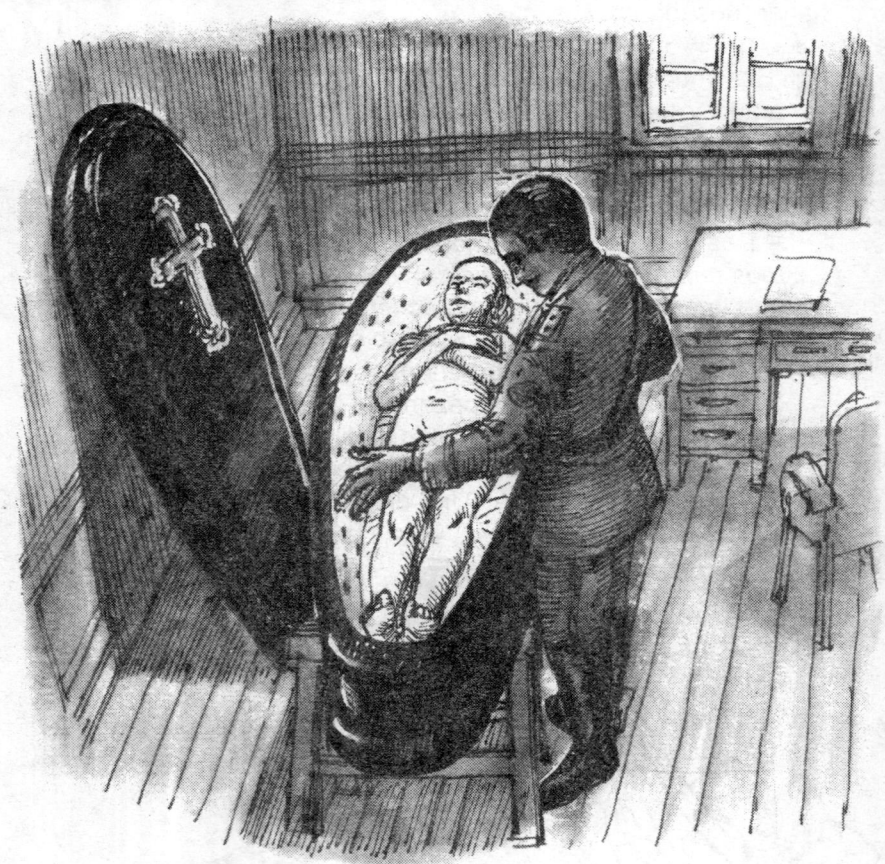

Desplazado Moori Koening, el coronel Cabanillas recibe la orden de trasladar el cuerpo de Evita a Italia. Con la colaboración del Vaticano, la entierra en una tumba con el nombre de otra mujer. El misterio del cuerpo de Evita empieza a ser una cuestión de Estado. Muchos de los aún perplejos niños de finales de los cincuenta encarnarán a finales de los sesenta un movimiento armado, Montoneros, que reivindicará la figura de Evita y luchará por la restitución del cadáver.

En 1970, Montoneros secuestra al ex presidente Aramburu, a quien luego "ejecutan". Unos meses después, el presidente en ejercicio, otro militar, el general Alejandro Lanusse, ordena ubicar los restos de Evita y reintegrárselos al viudo, el anciano ex presidente Perón, quien vive en Madrid.

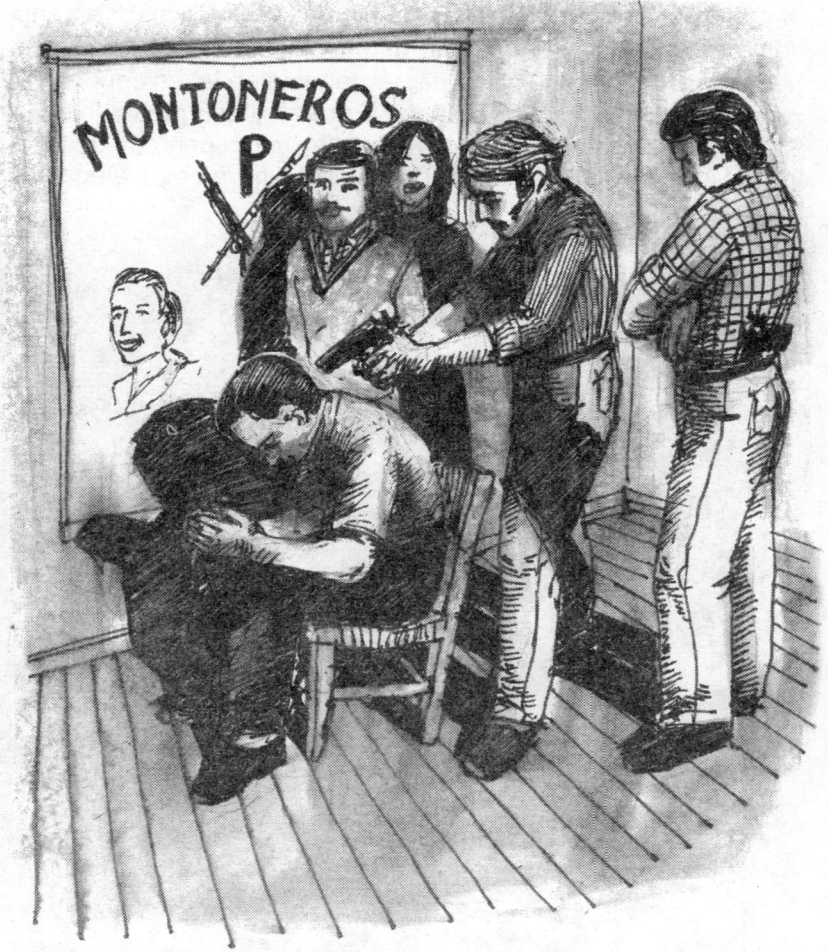

El 17 de octubre de 1974, el cuerpo de Evita regresa a Buenos Aires. Una explosión social de consecuencias aún imprevisibles, asola el país. La izquierda peronista y la guerrilla marxista se enfrentan sangrientamente con la policía y las fuerzas armadas. Grupos civiles de extrema derecha aportan confusión y violencia.

En marzo de 1976, un nuevo golpe militar interrumpe la continuidad institucional. El débil gobierno de Isabel Martínez de Perón, viuda del legendario conductor y que asumiera tras la muerte de éste, es depuesto por los militares de las tres fuerzas, encabezados por el Tte. Gral. Jorge R. Videla. Lo que parecía un "golpe más a las instituciones democráticas" se transformará en el más sangriento capítulo represivo de la historia argentina. Evita, cuyo cadáver permanecía en la residencia presidencial de Olivos, es "expulsada" por el nuevo presidente. Entregada a sus hermanas, Evita es llevada al panteón de la familia Duarte en La Recoleta, uno de los lugares más elegantes de la ciudad.

NO LLORES POR MÍ, ARGENTINA

"Entre la trama de motivaciones materiales y simbólicas que constituyeron la imagen de Eva (independiente de su realidad histórica) no pesa poco, por cierto, su nombre. En la vertiente judeocristiana de nuestros mitos fundantes, Eva es la primera mujer. En la Argentina también lo fue. Las dos fueron consideradas –por muchos hombres y demasiadas mujeres– grandes pecadoras. Pero nadie puede quitarles el mérito, a una, de ser la madre de todos los humanos; y a la otra, de los excluidos sociales de una época de la historia argentina."

—Esther Díaz, filósofa argentina, en Buenos Aires. Una mirada filosófica.

Eva Perón, María Eva Duarte, Evita..., o "la Eva" –como la nombran casi con asco quienes la excluyen del paraíso social–, es la patente materialización dialéctica del hombre haciendo la historia y la historia haciendo al hombre. No es un mero emergente social ni es un "invento de Perón", como argumentaron muchos. Eva es ambas cosas y mucho más.

Si hubiera sido solamente una bastarda ambiciosa, o una especuladora, o si hubiera construido una vida impecable y altruista, sin excesos típicamente humanos, no habría alcanzado la dimensión histórica que tuvo y tiene. Sin embargo, lo peor que le puede pasar es quedar cristalizada en ese lugar donde la moneda que gira devuelve la cara de una puta o de una virgen, según el lente observador.

Su origen espurio, su arbitrariedad y tozudez, su vida en jirones y su patética entrega al "destino" están sólidamente anclados a su verbo exasperado, su palabra incendiaria, su justicia primitiva y su inmolación. Pero tanto, el rechazo arrebatado como la admiración acrítica son, a su pesar, secuaces del mismo plan: el olvido.

¿Por qué ladran los perros a la Evita profana? Porque su derrotero primitivo y sanguíneo desajusta a la racionalidad burguesa. Es irritante e indignante. Evita es incómoda como el pariente pobre; genera repudio, como quien exige cambios; encoleriza con su "irracionalidad". Ella abochorna a quien se aferra a un privilegio y se reconoce en ese gozo egoísta.

¿Por qué cantan loas, entonces, a la sagrada Evita? Porque su imagen quieta de mujer rubia y joven ya no perturba. Ella es toda piedad, admiración, alegría y nostalgias. Su encendido discurso, transformado en palabras huecas (pobres, lucha, pueblo, excluidos...), apenas si puede erguirse sobre la luz triste de su carne marchita. El mito despierta compasión pero no muerde: calienta pero no incinera.  Ella, la santa, la virgen, es "algo bello que tuvimos y que ya no tendremos". Y sólo queda llorar.

Evita no es un mito. Es la encarnación misma de la utopía. Una ardorosa utopía traducida en una desesperada búsqueda de la justicia, un obstinado reconocimiento del derecho del otro, una profunda vocación inclusiva y un optimismo militante.

A Evita no la asiste la razón, sino la pasión. O, como dice Esther Díaz parafraseando a Hegel, obra empujada por "la astucia de la razón feminista". Astucia, pasión, sangre: todas palabras femeninas, vinculadas a lo primitivo, a lo salvaje, a lo censurable.

Ella soñó con volver y ser millones. No contó con la "astucia de la razón posmoderna" ni con la "tiranía de los economistas". Pero la historia es más larga que el olvido, y en algún rincón del mundo, seguramente, su astucia está resucitando...

NERIO TELLO es escritor, periodista, editor y docente universitario. Nació en La Rioja, en 1951. Trabajó en diarios nacionales, revistas y radios. Publicó Periodismo Actual, Guía para la acción, El viajero remoto, Pablo Neruda, en la luz y la sombra y Facundo Quiroga, Mariano Moreno y Lawrence de Arabia, de la colección Para Jóvenes Principiantes. Su trabajo más reciente es Umberto Eco para Principiantes. Dictó clases en la Universidad Nacional de Lomas de Zamora, la Universidad de Palermo, en CAECE y en institutos terciarios de periodismo.

DANIEL SANTORO es un artista plástico argentino. Pinta, esculpe en diversos materiales, realiza instalaciones, hace escenografías, cine independiente, edita sus propios diseños. Nació en Buenos Aires en 1954. Egresó de la Escuela Prilidiano Pueyrredón, estuvo becado estudiando en París, expuso en varios museos, galerías nacionales y del exterior, entre las que se destacan la muestra, en 1993, en el Museo de Arte Moderno sobre los recorridos simbólicos a partir de la Avda. Corrientes y los bares porteños. En el Centro Cultural Recoleta realizó las muestras El Negro Dominante, junto a Alfredo B. Bedoya, y Un mundo peronista, con la que desarrolló una investigación iconográfica sobre esa etapa de la historia argentina. Obtuvo varios premios, ilustró para numerosas publicaciones y libros de poemas. Estudia la Cábala y la cultura china. La revista inglesa Modern Painters lo proyectó internacionalmente. También ilustró Rimbaud para Principiantes.